# 바람의 심장

리토피아포에지 · 35
바람의 심장

인쇄 2015. 7. 20 발행 2015. 7. 25
지은이 박일 펴낸이 정기옥
펴낸곳 리토피아
출판등록 2006. 6. 15. 제2006-12호
주소 402-814 인천 남구 경인로 77(숭의3동 120-1)
전화 032-883-5356 전송032-891-5356
홈페이지 www.litopia21.com 전자우편 litopia@hanmail.net

ISBN-978-89-6412-053-8 03810

값 9,000원

이 도서의 국립중앙도서관 출판예정도서목록(CIP)은 서지정보유통지원시스템 홈페이지(http://seoji.nl.go.kr)와 국가자료공동목록시스템(http://www.nl.go.kr/kolisnet)에서 이용하실 수 있습니다.(CIP제어번호: CIP2015018785)

* 본 시집은 인천문화재단과 한국문화예술위원회 지역협력형사업으로 선정되어 발간하였습니다.

박일 시집

# 바람의 심장

문학의전당 리토피아
LITERATURE & UTOPIA

# 시인의 말

제1시집 「사랑에게」를 낸 지 24년이 지났다.

서해 바닷가 포구에 가보면
기다림의 끝과 사라짐의 순간이 보인다.
물거품이 되어 부서지고 합쳐지는 것처럼
시간의 흔적이 갯벌 곳곳에 스며 있다.
포구 위의 하늘은 늘 말이 없다.
구름과 바람만이 머물다가 사라진다.
어제 월곶 포구에서 무지개와 새털구름과
먹구름을 한꺼번에 보았다.
용오름처럼 솟구치는 햇살도 보았다.
폐선이 물에 잠기는 모습도 보았다.

다시 비움과 채움의 자리에 서 있다.

바람 속에 바람으로 서 있는 나를 문득 본다.

시詩를 생각하면 선생님들 모습이 떠오른다.
조병화 선생님, 김재홍 선생님, 김문창 선생님께
늘 감사를 드리며…….

2015년 여름
박 일

# 차례

## 제1부 유월


배다리 책방 안에는 15
위대한 우리의 시대에 16
기도를 하자 18
봄바람 20
유월六月·1 21
유월六月·2 22
유월六月·3 23
유월六月·4 24
유월六月·5 25
유월六月·6 26
유월六月·7 27
유월六月·8 28
월정사 감나무 아래에 서서 29
대청봉 가는 길 30
목련 32
송도 수로水路 34
문 밖으로 나가다— 4월의 어느 날 36
아암도 풍경 38

## 제2부 영종도


영종도·1—운북리 산 59번지에서 41
영종도·2—운북리 산 59번지에서 42
영종도·3—운북리 산 59번지에서 43
영종도·4—운북리 산 59번지에서 44
눈·1 45
눈·2 46
눈·3 47
눈·4 48
눈·5 49
낙하산·1 50
낙하산·2 52
낙하산·3 54
낙하산·4 56
화개장터에서·1 58
화개장터에서·2 59
화개장터에서·3 60
화개장터에서·4 61
화개장터에서·5 62

## 제3부 단풍나무 숲에서


연수구 송도동 65

화수포구에서 66

단풍나무 숲에서·1 68

단풍나무 숲에서·2 69

단풍나무 숲에서·3 70

단풍나무 숲에서·4 71

단풍나무 숲에서·5 72

단풍나무 숲에서·6 73

단풍나무 숲에서·7 74

단풍나무 숲에서·8 75

단풍나무 숲에서·9 76

그 긴 여름 끝에서·1 77

그 긴 여름 끝에서·2 78

그 긴 여름 끝에서·3 79

그 긴 여름 끝에서·4 80

그 긴 여름 끝에서·5 81

그 긴 여름 끝에서·6 82

그 긴 여름 끝에서·7 83

## 제4부 옛집


월미도에 달이 뜨면 그대는 87
카페 인caffé In에서 88
너 90
사랑에 눈을 뜨는 나무에게 91
눈동자 저 깊은 곳에는 92
연인戀人 93
사랑한다면 94
눈빛을 기억하기 위하여 96
표본식물 98
옛집 99
이별離別을 하며 100
이별離別이기에 101
장맛비소리 102
야외무대에서 104
내가 너를 떠날 수 없는 이유 106
가을 송도역 107
월미도 108
이별이란 110

해설/오홍진 111
두 눈 부릅뜨고 보는, 그대의 언어
— 박일의 시세계

| 제1부 |

# 유월

## 배다리 책방 안에는

배다리 좁다란 골목길
모퉁이 책방에는
그녀가 읽어주던
시집이 한 권 꽂혀 있습니다

동인천역을 나오다가 혹시
그녀가 좁다란 골목길 그
옆길로 와서 시를 읽고 있지 않을까
않을까 문득

배다리 좁다란 골목길
책방 문을
열고
들여다보면

가지런히 꽂힌 책들 사이로
그 옛날
그녀가 남긴 목소리만
시를 읽고 있습니다

# 위대한 우리의 시대에

1.

학은 뜨지 않는다
오늘도 청학동 선학동 어귀
소리 없이 달빛만 어깨 위로 내려앉고
가끔씩 금이 가는 아파트와 검은 아스팔트
위로 씩씩하고 위대한 우리의 시대

개펄을 잃어버린 어린 게들은
해안도로 철책선을 넘나들며 죽음을 꿈꾸지만
화학 공장이 뱉어내는 냄새와 사람들의 우울은
어우러져
바람 소리와 어우러져 음…… 음…… 위대한 시대에
해안도로를 질주한다

2.

몇 평 안 남은 숲일지라도 무엇이 문제이겠는가
이가 흔들리는 어부들이여
춤이라도 추어라

비

틀

비

틀

여우야 여우야 뭐하니 응 땅 따먹기
여우야 여우야 뭐하니 서해 땅 내 땅 내 땅
여우야 여우야 뭐하니 산 먹고 바다 먹고 땅 먹고
그래 햇빛 움켜쥐고 신나기도 하겠다
동물원 만들면 가두어 주지
쇠창살 튼튼한 철우리에 가두어 주지

꼭꼭 잡아 넣겠다

# 기도를 하자

새벽 저편으로부터 걸어나와
떨어져 닫히는 시간의 그
시린 입김을 삼키는 이를 위하여

기도를 하자
부서지고 짓밟힌 마른 풀들의 잔해 위
무릎을 꿇고
방방곡곡 향하여

눈꽃이 피는 지금

흰눈을 맞으며 벌떡 일어서서 이 세계
한가운데 일어서서 백골들이 이룩한
국토의 한 귀퉁이에 일어서서

죽임은 죽음 앞에 있다
죽임은 죽음 앞에 있다
천년을 두고 울어도 늘 바람은 그림자도 없이

눈을 뜬다

기도를 하자
눈 없이 눈을 뜬 자
귀 없이 귀가 열린 자를
위하여

눈꽃으로 둘러싸인 지금

# 봄바람

거 참 이상도 하지
응어리 맺힌 기침이 돋았네
목련꽃 이파리
키 작은 가슴 속으로

잠시 얼굴을 마주했었나 봐
푸릇하게 밀려 온 시간의 그늘
그 아래 서면
눈시울이 젖어 버려

누가 내 발등을 밟고 지나가는지
누가 나의 숨소리를 듣고 있는지

어쩌면 햇빛이 부서져 가벼운
불씨가
되려는가 봐
차곡차곡 쌓이는 향기로운 몸살

열이 돋고 있어

# 유월六月 · 1

당신의 가슴 한복판
저 깊은 나무의 나이테 속으로
아니, 나뭇가지 끝에 맺힌 저 먼
안개 속으로

오늘이 간다

질경이풀 사이로 돋아난 숨소리
어깨에 걸머지고
죽음보다 질긴 소리 발목에 칭칭 감아
매고

# 유월六月 · 2

단지 머리카락 끝만
단지 언어의 끝마디만 가슴
한 구석에서 고개를 숙일 뿐이다
산다는 것은 살아온 만큼의 시간
사건은 늘 그림자로만 남아
소리 없이 그대 심장을 겨냥하고

얼굴이 보이지 않는 참새 한 마리
바람에 발이 걸려 맴을 도는
오후

가장 가까운 곳에 당신의 숨소리가 숨어
있다

# 유월六月 · 3

사람아, 스스로 얼굴을 파묻으며 흐르는
안개의 숲을 지나오는 사람아

부활은 불신不信으로 얼룩진 은유隱喩
그 가시나무 덤불의 한복판에 숨어 있다

머리카락을 어둠에 묻히며 흘러가는 사람아
죽어가며 살아가는 오늘을 사는 사람아

당신은 보이지 않는다
죽은 자의 어깨에는 다만 사랑이 걸려 있을 뿐

## 유월六月 · 4

그림자마저 벗어버리고 간다

풀잎들이 머리를 풀어헤치고 우우
울어대는 한강변에

그대의 눈동자에 비친 나를
찾기 위하여

발자국이 없는 흔적을
버리고 간다

슬픔이 몸서리치는 갈대숲 사이
맑은 눈물 한 방울 감추어 놓고

나를 찾으러 간다

## 유월六月 · 5

가진 적이 없기에 가져서 서럽다
앞장서서 걸어 본 적이 없기에 더욱
서럽다 잊어야 할 것을 기억하기에 더욱
서럽다 고개 숙인 풀잎도 짐승처럼 새끼를 안고
산다는데 품어야 할 돌멩이 하나 없어 서럽다
가질 것 없는 사랑 그 하나만을 간직한
그대여

모두에게 나누어 줄 눈물 한 방울조차 없어
우리는 서럽다

## 유월六月 · 6

당신이 간다
눈물 하나 먹고
이슬 하나 먹고
찔레꽃 이파리 한 손에 가득 쥐고

당신이 간다
맴을 도는 고추잠자리 눈동자 사이로
흐르는 구름처럼
흐르는 바람이 되어

시간에 묻혀 버린 죽음들이
하나 둘 일어나
강을 건너자 하는데
갈대숲 속으로 당신만 홀로 간다

## 유월六月 · 7

내 안의 그림자로 남은 추억 한 줌

갈대꽃 위로 남겨 놓고

당신은 강물에 젖은 그믐달이 되어

소리로만 남자고 한다

내 안의 바위로 자라난 기억 한 줌

강물 위로 남겨 놓고

당신은 바람에 젖은 이슬이 되어

남자고 한다

내 안의 어둠으로 자라난 눈물 한 줌

불꽃 위로 남겨 놓고

소리로만

# 유월六月 · 8

풀잎의 향기를 한 점
입에 물다가

푸르게 돋아나는 강물
그 푸른 뼈마디에 숨어 있는

울음을 보았다

바람이 강바닥으로 자맥질하는
유월, 그 마지막 시간에

무언無言의 말씀 하나를
안고 가는

당신을 보았다

## 월정사 감나무 아래에 서서

어쩌다 마지막 한 잎까지 매달린 나무를
보게 되었을까
어쩌다 말라비틀어져 매달린 홍시 하나를
보게 되었을까
크다가 멈추어 버린 세상 끝의
그리움을 보게 되었을까
붉은 웃음 하나로
참새 부리에 수줍게 매달려
허공에 서 있는 슬픔의 그리움을
보게 되었을까
몸을 바쳐 다른 세상을 꿈꾸는 목숨들
먹히기 위해 해체되어지는
전생前生의 흔적을 어쩌다 오늘
왜 여기에 와서 비로소
보게 되었을까

# 대청봉 가는 길

눈을 감고 있으면 보이는 거야
길 위를 걷다 보면 언젠가 걸었던 또
그 길 위를 가는 게 보이는 거야
마치 엊그제 손을 잡고 떠난 그 시간에 머물며
바람과 함께 떠났다가 빗물과 함께 돌아온 날들이
보이는 거야
절벽 틈새에 매달린 단풍나무 조그만 손들 사이로
보일 듯이 보이지 않는 너의 그림자와
너의 목소리를 잃어버리고
흔적을 지우며 살아가던 날들이 보이는 거지
좋아 한다 사랑한다는 그 쉬운 말들도 잃어버리고 그냥
발길 닿는 대로 걷다가 돌아와 그런
날들을 보는 거야
인연이 없는 그리움들을 붙잡으려 애쓰며 걷던
젊은 날 그 허무의 벼랑 끝을
돌아 또 돌고 돌아
시간을 거슬러 오르며 이 하늘 아래
어디에서라도 기다릴

너를 만나기 위해

보이지 않는 눈으로 살아온 날들을

마음속으로 보러 가는 거지

# 목련

손끝 마디마다
맺힌 마음만을 품었지
세상을 향하여

향기가 사라진 입술에
그림자가 없는 추억만을
머금었어

마침내 사랑이었다는 말씀만으로
하얀 눈물이 되었지
바람에 나부끼는

이 하늘 아래
살아가기보다 살아 있다는 삶의
의미만을
잠시 그대에게 내보이며

꽃잎 속에 서려 있는

시간의 흔적들을
손가락 끝으로
문지르며

조금씩
어둠 속에
조금씩
일어서는 공기방울들을

흔들고 있어
오늘 그녀는

# 송도 수로水路

1.
누군가는 부자富者가 되고
누군가는 빈자貧者가 되었다는
마을 어귀

혈관이 막힌 바다가 누워 가쁜 숨을 내뿜고
생매장당한 조개들의 울음이
가로등에 걸려 있는 곳

2.
가로수가 몸부림칠 때마다
바다를 건너 온 공기들이
한 꺼풀씩 허물을 벗어 던지고

머리를 풀어 헤친 바다 안개가
한낮의 그림자를 지우며
잠이 들면

가끔은 하얗게 탈색한 망둥이가
고개를 갸웃거리며
바닷길을 묻는다

# 문 밖으로 나가다

—4월의 어느 날

비가 와도 그렇지
세상이 너무 닫혀 있다
바람을 얼굴에 안고 살아가기에는

찬바람만 동지 섣달 그믐만큼 플라타너스 곁에 서 있고
가야만 한다 그저 떠나야 한다
문을 열면 이름을 불러줄 사람도 없이

침묵으로 닫은 문 사이로

잠시 비가 내린 틈 사이 햇빛이 내려와
빗방울을 채색할 뿐이다, 눈이 열려 있는
구름 사이로 내려와 이름을 불러보지만

신神의 이름으로

신의 말씀도 변하고 변해 권력이 되는 이 세상에는
이름과 나 사이에 문이 하나 덩그러니

열려 있다

마침내

열린 듯 닫혀 있는 문 앞에 또 하나의 내가
문 밖으로 떠밀려간다
문도 날아간다 광풍에 휘말려

세상이 닫히고
장벽처럼 바람이 사람을 가둔다
문 밖이다

# 아암도 풍경

담쟁이 이파리 하나
유리창 너머 거미줄에 매달려
흘깃 보다가
사라지는 오후

바람 끝에 매달린 빗방울처럼
마른 햇살 한 줌
손바닥 위에
떨어지면

아암도 바위틈에서 갈매기가
해의 그림자를 부리에 물고
붉은 노을 사이로
내려앉는다

| 제2부 |

# 영종도

# 영종도 · 1

—운북리 산 59번지에서

눈물은 안개에 젖지 않는다
그대, 바다를 보라
발자국을 남기며 사람들은
기억 속으로 들어가고
파도의 머리카락 사이로
금산의 그림자가 보인다
그 끝머리쯤에 가서
우리가 걸어간 길의 끝자락에 서서
아버지의 목소리가 배어 있는
발자국을 보라
푸른 하늘은 이미 바다이고
운명이라는 말은 바람 앞의 빗방울과 같은 거
돌아서면
기도 소리는 늘 우리들 무릎 앞에
잠들어 있다
안개는 숨죽이며 서 있고

## 영종도 · 2

—운북리 산 59번지에서

아버지를 생각한다
푸른 하늘 사이로 아버지와 그 위의 아버지가
걸어간 구름을 보며
가끔은 지워지지 않는
시간들을 그리워한다
갈매기의 부리에 매달린 바람
그 위에서 피어나던 세상
그 위에서
빛어지던 유년幼年의 꿈들
들여다보며
반세기를 살아온 집 뒷자락에 앉아
가끔 목련나무 끝을 스치듯
오는 인연 곁에서
푸른 하늘을 하늘거리는
아버지의 말씀들을 생각한다

## 영종도 · 3

—운북리 산 59번지에서

하늘을 보았느냐 하늘을 나는 새를
보았느냐
살아오는 동안에 걸어온 길의
깊이를 재어 보았느냐
상처 입은 자가
상처 없는 자의 영혼을 씻어주는
땅을 보았느냐
보았느냐 비에 젖지 못하는 꿈들이
꿈들이 꿈틀거리는 하늘을 보았느냐
당신은 가끔 꿈속에서 걸어 나와
바람의 끝에 서라 하는데
뒷밭 키 큰 마로니에 나무만이 바다를 보고
새를 보고 푸르게
젖어 있더구나

## 영종도 · 4

—운북리 산 59번지에서

발자국을 남기며 사람들은 잠을 재촉한다
기억 속으로 들어가 잠을
재촉하고
당신이 늘 걷던 예단포 끝자락에 서서
발자국을
본다
빈 집은 이미 바다이고
바다는 지금
바람 앞의 꽃잎
푸른 하늘을 하늘거리는
우리의 상처를
씻어내고 있다

# 눈 · 1

숭의동 골목길을
덮을 듯이

그 지붕 낮은 집들 처마를
덮을 듯이

그 날 가슴 저 구석에 남은 말 한마디까지
덮을 듯이

내리는

# 눈 · 2

그녀가 밟는 발자국 소리처럼

그녀의 머리카락을 쓰다듬는

그 바람소리처럼

정월正月이 오면

그녀의 목소리처럼

내리는

# 눈 · 3

그녀가 간다
어깨 위로 지나가는 시간을
붙잡으며
붙잡으며 간다
해질 녘 내려앉는 바람 소리를
헤치며
머리카락 끝에 매달리는
나직한 목소리들을 헤치며
그녀가 간다
제물포역 하행선 플랫폼
그녀가 남긴 그림자와 세월이 남긴
발자국 하나가
간다
해를 삼키는
바다로

# 눈 · 4

바다가 사라진 바다에
그녀가
앉아 있네 그녀가
사라진 바다에
그녀가 앉아 있네
그녀의 눈물 같은 달이
어스름 사이로 걸어오는 수봉산
그 중턱 언저리
방향을 잃어버린 갈매기 발가락 끝에
그녀의 목소리가
겨울바람 끝자락에 매달려
흩날리고
있네

# 눈 · 5

밤은 쓸쓸하여라
발자국이 보이지 않는
밤은

바다를 보고 돌아오는 길목
어둠이 혼자서 옷을 벗어
던지고

싸락눈을 맞는다
가로등은 고개를 숙인 채
서 있고

바람 속으로 흩어진다
아무도 오고가지 않는 공원길 어귀
형체만 남은 그림자 하나

불면증에 걸린 시간만 시계탑에
걸려 있다
제물포 역에는

## 낙하산 · 1

사내는
키가 작은 그림자를 가진 여자보다 큰 심장을 가진 사내
아닌 사내는 공모公募 아닌 공모共謀를 즐긴다
매일 밤 기도를 하고
지렁이처럼 늘어진 직함을 성공의 표식처럼
명함에 새겨 넣고
남보다 큰 키를 보이기 위해
적선積善하는 연습을 한다

연습을 한다
감각동물은 먹을 것에 집착하기에 늘
우아하게 먹이를 주는 연습을 한다
사내는 매일 기도를 하고 가면을 쓰는 연습을
한다 삶이란 마술魔術이다 속이기 위해 속는 연습을
속기 위하여 속이는 변화를

사내는 연습을 한다
사내는 밤늦게 기도를 하고 가면을 바꾸고

밤마다 칼을 든다
사내의 눈은 빛난다
칼은 지팡이가 되고 비둘기가 되며 꽃이 된다
사내의 눈이 빛난다
공모共謀를 즐기는 유희는 즐겁다 지금

칼은 약자의 먹이로 변한다
약자는 성공을 위한 사내의 소도구
약자의 입만 채워주면 신으로 존재한다
약자의 눈은 유혹에 약하다 항상 늘
사내의 마술은 유효하다

오늘 사내는 산을 만들었다 마법으로
약자들을 위하여
신은 사내를 위해 산을 주었다
신은 사내를 위해 낙하산을 주었다
사내는 자신의 산 속에 공모자를 숨겨 두고
잠에 든다
유쾌하고 찬란한 새벽잠에 든다

## 낙하산 · 2

하늘에 오색빛이 찬란하다
사내를 위한 잔치는 산에서 시작된다
풀빛 냄새는 싱그럽다
시퍼런 낫으로 마구 쳐낼 때 향기가 더욱 곱다
날마다 기도하는 마음으로
사내는 오늘 풀을 베듯
나뭇가지를 잘라낸다 잘려 나가는 소리는 늘
상쾌하다
두 어깨에 흔들리는 훈장 같은 직함으로
마법은 늘 통한다
어깨에 힘을 주고 지긋이 소나무의 숨통을
끊는다
풀을 벨 때보다 더 상쾌한 욕구가
가슴속에서 불탄다
열정이 솟는다
네로도 이처럼 통쾌하진 못 했으리 네로보다
더 통쾌한 열정이
솟는다 신은 열정을 위하여 존재한다

사내는 신이 된다
로마를 불지른 네로는 발광發狂이다
네로는 네로이고, 사내는 사내다
사내는 지금 신이 된다
남들이 내뱉는 사내에 대한 부정은 부적응의 부정일 뿐
부정은 강한 긍정의 이유가 된다
솔 냄새가 더 상큼하다
사내가 불을 지른다
또 하나의 마법이 탄생한다
사내가 발광發光한다
신이 되고 있다
열정이 넘치는 사내가
새 시대의 아침을 열고 있다

# 낙하산 · 3

변화는 성공을 보장한다
변화하는 숫자의 숨소리를 들어라
부풀려야 변화한다 쪼그라들면 누가
알아주리
사내의 목소리가 우렁차다
뇌 속의 내용물은 측량이 불가하다
부풀린들 누가 알리

인간의 컴퓨터는 고장난 지 이미 오래
인간의 영역에서는 신이 된 자의 마음만이 존재한다
엄청난 이 마법을 보아라
존재의 의미는 존재 자체만으로 위력적이다
가치는 신의 영역을 떠나 버렸다
권력은 존재의 등가물이다

경배하라, 신神은 어디에나 혀끝에서 존재한다
부드럽게
좀 더 부드럽고 온화하게 뱀처럼 미끈하게

존재한다
말씀은 권력이고 존재의 상징이다
시대時代여, 그대는 존재를 위한 가림막이다

사내의 눈동자는 이미
신의 눈동자다
보아라, 석기시대보다 먹이가 풍부한 정보의 시대다
그대들은 자랑거리 속의 조롱거리일 뿐이다
보아라, 스스로 신이 되는 이 위대한 순간을

숫자를 바꾸면 운명이 바뀐다
10은 100이고 10,000이 된다
이것이 변화다
새 시대는 변화한다
실적은 성공의 상징이다

평범함 속의 뛰어남이며 남보다 먼저 앞서는
바로 이것이
신의 논리이다
변화는 변신을 보장한다
혀를 보아라, 사내의
꽃뱀처럼 찬란하며 싸늘한 두 갈래의 언어를

# 낙하산 · 4

사내의 가슴 속에는 커다란 산이 존재한다
후손에게 줄 산이다
사내는 기쁘다
재산은 쌓여야 한다
커다랗게 보여야 한다
낡은 직함을 수단으로 성공을 목표로
찬란하게 욕을 먹으며 쌓아올린 명성 아니냐
이것도 재산이다
낙하산도 재산이 된다
구걸을 해도 고급스럽게 역경의 열매를 따먹은
신처럼 될 수 있다, 늘

기도하라, 욕심은 보이지 않는 기도처
남에게는 보이지 않는 은밀한 자신만의 내통이다
기도의 말씀도 창고에 쌓여야 한다
마음의 창고에는 사내의 산이 존재한다
예비된 무대에는 예약된 인간만이 존재한다
사내는 매일 기도를 한다

사내는 기도가 끝나면 밤마다 칼을 는다
사내의 눈은 손끝에서 빛난다
사내의 재산은 낙하산이다
손끝에서 칼끝이 빛난다
낙하산 줄을 가다듬는다 사내는 밤마다

인간은 알지 못한다
인간은 성공을 위한 도구일 뿐이다
인간의 입을 가리면 세상이 바뀐다
울음마저 미소로 바뀐다
신은 산을 주었다 사내에게
신은 낙하산을 주었다

사내는 기쁘다
재산은 늘어나게 마련이다
공수래공수거는 헛된 자의 망언이다
인간의 목숨 줄을 가다듬으며
성공과 명예의 창고에, 평안하게 엎드리는 자의
재산을 쌓는다
사내는 오늘도
산을 훌륭하게 쌓는다

# 화개장터에서 · 1

목청이 큰 사내의 엿가락
장단 사이로
군데군데 끊어진
기억 너머의
그저
살아 있기에 보고 싶다는
그 말씀을 오늘도
마음속에 새기고
있었네

# 화개장터에서 · 2

장터 마당 장승의 눈망울 위로
뒤얽힌 안개마냥 인연이 흘러
쌍계사 부처의 눈물처럼 흘러
흘러만 간다는
개울가

흘러간 인연을 보고 싶었네
여울을 따라 바위 틈을 굴러
속세로 날아온 먼지처럼
흘러간

그 세월을 보고 싶었네

## 화개장터에서 · 3

장 구석 마당가
목청이 큰 사내의 헛기침 속에
지나간 날들이
남아 있네 움트지 못한 눈물로
남아 있네
운명으로도 볼 수 없는 인연들
서로 등을 돌리고 앉은
화개장터 입구
바람이 되어 앉아 있네
우두커니

# 화개장터에서 · 4

돌아올 날들만 기다렸었지
하루 종일 인연처럼 연인들이
앉아만 있었다는 장터 어귀
벚나무 등걸
꽃잎 솟아나듯 솟아나는
봄날
보고 싶은 그 인연의 그림자는 보이지 않고
섬진강으로 흘러가는
눈물들만 비 내리듯
분홍 꽃잎으로 내리고 있었네
장터 마당 위
빗물로 적셔지고
있었네

## 화개장터에서 · 5

보이지 않는 길 너머 끝자락을 따라
인연을 만나기 위해 기다렸었지
서러움마저 숨죽여 흐르는 날
햇살에 반짝 흩날리는 여울물을 따라
남해 바다로 날아가는
빗방울들을 들여다보며
기다렸었지
보이지 않는 길 저 너머
보이지 않는 사람으로 남아
쌍계사 하늘 위를 지나
저 바다 위를 떠도는
그대를

| 제3부 |

# 단풍나무 숲에서

# 연수구 송도동

해안도로를 따라 집으로 돌아가는 길
저만큼 뒤에는
아우성치는 조개와 조그만 어린 게들을
바구니에 이고 가는 아낙네들이
보였다
해안도로를 따라 집으로 돌아가는 길
저만큼 뒤에는
갈매기들이 가로등 위에서 날개를 펼치는 것이
보였다
오늘도
해안도로를 따라 집으로 돌아가는 길
저만큼 뒤에는
갯벌을 생매장한 공동묘지 터가 보이고
비석碑石처럼 늘어선 고층빌딩만
보인다
해안도로를 따라 집으로 돌아가는 길
저만큼 뒤에는 늘
목이 쉰 안개가 치맛자락을 휘날리며 울부짖는 풍경만
보인다

# 화수포구에서

자네, 그림자를 남기고 싶거든
화수포구 골 깊은 갯골로 오게
갈매기들이 하얗게 몸을 털다가
안개로 일어서는
갯골로 오게
사람들의 바다가 그림자를 만드는 그곳에는
이마에 소금기가 앉은 어부들과
아낙들이 돌부처가 되어
삶을 깁고 있네
자네, 화수포구 골 깊은 갯골의
갯골 사이에서
손을 흔들어 보게
살아 있는 자, 그대의 목숨이 목숨인가
숨을 쉬는 자, 그대의 밤이 밤인가
뜨거운 심장은 보이지 않네
보이지 않는 손들이 손을
흔드는 세상이기에
자네, 빨리 갯골로 와 보게

햇살의 주검이 바다로 가라앉는
눈물을 보게

# 단풍나무 숲에서 · 1

비에 젖어 떨며 서 있는 나무들의
눈동자를 본 적이 있는가
허리를 굽히고 머리카락을 적시는
단풍나무 그  붉은 눈망울을
본 적이 있는가
비에 젖어 걸어가는 것들이 모여
흐르는 시월의 마지막 토요일
오후 다섯 시쯤
검푸른 하늘 사이로 흘러내리는
붉은 울음들
사이를 걸어본 적이 있는가

# 단풍나무 숲에서 · 2

손을 내밀어 봐

산다는 것은 죽음보다 더 붉은
내면에 고인 눈물을
보는 것이다

먼 훗날 하늘에서 누군가 내려다보고
물어본다면

그리움이 휘날리는 긴 머리카락을
만져보는 것이다

손을 내밀어 봐

# 단풍나무 숲에서 · 3

단풍나무 숲에는
그대의 눈물이 남아
걸음걸이가 유난히 이쁘다던
그대의 발걸음이 남아
기인 기다림의 끝에
그대의 그림자만 남아
눈이 시리게
눈이 시리게
이 땅 위에 서 있다

# 단풍나무 숲에서 · 4

한마디는 가슴에
묻고 떠나 마
무성한 이파리들이
헤어지고 만나는 오늘
어느 날 우리가 바람이 되어
어느 날 우리가 소리가 되어
어느 날 우리가 비가 되어
이 숲에서 다시
만날 때
언덕길을 따라 문득문득 네가 그립다는
한마디는 가슴에
묻고 떠나 마

# 단풍나무 숲에서 · 5

바람이 되어 만나자
산 넘어 산이 있으면 산은
길이 되어 네게로 통하고
너에게로 가는 길들은 다시 마음이 되어
그 마음만큼 세월이 되어
길가에 낙엽이 되어 쌓이는데
우수수우수수 단풍잎 휘날리며
바람이 되어 만나자
길은 길이 되어 어디든지
길이 되어 있을지니

# 단풍나무 숲에서 · 6

나는 보네
하늘을 돌아 땅으로 떨어지는
햇살들을
나는 보네
상징이 사라져 버린 시대의 무게를
무딘 날을 세워 가르며
천년의 숨소리를 밟고
또 밟으며
붉게 타오르는 칼끝을 보네

## 단풍나무 숲에서 · 7

이파리 하나가 떨어집니다

숲의 침묵 속에서는 모두가
숨소리를 숨깁니다
이름 모를 풀벌레들의 발걸음을
빗소리가 막아서고

그대의 모습이 여기에 있습니다

이파리 하나가 또
떨어집니다

## 단풍나무 숲에서 · 8

모든 것들이 떠나가는 날에

이 숲에 서서

우리 서 있는 그 자리를
단지 바람소리로만 가득 채워

그대 손을 잡으면

같아 보여도 같을 수 없는
세월의 눈물을 보네

모든 것들이 떠나가는 날에

## 단풍나무 숲에서 · 9

마침내 이 숲으로
내려앉아 전설을 이야기하는
그대가 보입니다
혼자 술래가 되어 찾아 헤매던 눈물들이
그대 곁에 상처를 드러내며 누워
있습니다
찾아도 찾아지지 않던
어린 날들이 그림책 속의 판화가 되어

숲 언덕에 웅크리고
앉아 있습니다
그림자가 없는 발자국이 점점 또렷하게
새겨집니다
그대의 목소리가 들립니다

이제 가야겠습니다
먼 훗날에는 한 줌의 바람으로
오겠습니다

## 그 긴 여름 끝에서 · 1

그날은 비가 많이 내렸습니다
마음속의 그림자마저 깊은 물에 빠져
물이 되었습니다
물 같은 마음도 넘쳐 흘러서 그대의
말씀도 젖어 버렸습니다
그날은 비가 내렸습니다
마음속 깊이 타오르는 불로도 말릴 수
없을 만큼

# 그 긴 여름 끝에서 · 2

눈을 감고 손을 잡고 그리고
조용히 기도를 하지요 그러면
한번은 나타났다 사라지는 연기煙氣와 같이
그대가 고전古典 속의 이야기가 되어
나타나기도 한답니다 먼 옛적
설화 속에서나 있을까한 지귀志鬼의
사연처럼 아무튼
그대의 눈동자 속에는
열려 있지만 닫혀 있는 미지未知의
세계 속에는
여왕女王인 그대가 기억의 저편에
앉아 손을 살랑 흔드는 모습이
보이기도 한답니다

# 그 긴 여름 끝에서 · 3

그대가
보일 듯이 보이지 않는 얼굴로
그 자리에 남아 있듯이
그대가
흔적만 남은 소리가 되어
아직도 귓가에 앉아 있듯이
그대와의 사이에
물이 되어 흐르는 시간이 되어
그렇게 서 있듯이
그대는
불이 되어 타오르는 연기가 되고
흩날리는 바람이 된다
서로의 흔적을 가슴에 남기고
눈물이 된다
그대 한 잎의 슬픔이
비가 되어
깊은 바다로 가라앉듯이

## 그 긴 여름 끝에서 · 4

살아 있음으로 인해
어제와 같은 오늘이 이렇게 존재한다면
긴 세월을 달려온 향기들이 끊임없이
흘러나오는 나무가 되겠다
살아 있음으로 인하여
오늘이 내일이 되고 변함없이 그대로
서 있는 나무가 된다면
푸른 잎을 늘 떨치며 바람 앞에 서서
언어의 칼과 상징의 도끼를 쥔 슬픔에게
내 주먹보다 작은 심장을
내어주는 나무가 되겠다
살아 있기에

# 그 긴 여름 끝에서 · 5

그대의 목소리가 들림으로 인해
밤이 없는 밤이 존재한다
세상은 커다란 원형극장
메아리만 난무하는 주검과 죽음과
고독 앞에
스스로가 문을 열고 닫는다
문지기가 없는 성城에는
주인이 없는 달빛이 홀로 앉아
문을 열고 닫고
반짝인다
오늘도 시간은 물이 되어 흐르고
흘러가는 시간만큼
키가 커져버린 존재의 의미가
세상 앞에 홀로 서 있다
밤이 없는 이 밤에

# 그 긴 여름 끝에서 · 6

기도는 하지 마세요
문을 열면 햇살이 걸어 들어와
그대 얼굴을 만듭니다
기도는 하지 마세요
나무들이 가지를 추켜세우고
그림자를 만드는 사람이 됩니다
햇살 한 줌 입에 물고
침묵과 시간의 터널을 지나온
그 긴 여름이 끝나면
가을날 한 잎의 단풍잎으로
가슴속에 남을 사람아

## 그 긴 여름 끝에서 · 7

사랑이라고 말을
해야만 한다
숨이 턱에 차오를 만큼
참는 자의 지독한 인내와
헤아릴 수 없는 생각의 늪을 지나
살아온 날들의
눈빛을 헤아리며
그 말을 해야만 한다
슬픔을 불로 태우고 그 재마저 연기가
되어 사라질 때
아득한 가슴속
성벽城壁을 무너뜨리고
서로는 가볍게 저 하늘로
떠오르는 새가 되어
빗방울처럼 흩날리며 흩날리는
그 바람 속에서도 흔들리지 않는
그대와 나의 그림자를
붙잡아야 한다

날카로운 발톱으로

붙잡아야 한다

사랑한다면

| 제4부 |

# 옛집

# 월미도에 달이 뜨면 그대는

물이었다가 불이었다가 때로는
서로의 입김이 되었다가
마음속에 피는 한 송이 눈물꽃의 붉은
향기가 되었다가
날카로운 가시가 사라진 이슬의 해맑은 눈빛이 되었다가
슬픔의 뿌리를 삼키는 파도가 되었다가
파란 하늘이 그리운 섬이 된다

# 카페 인caffé In에서

기다림의 그늘에는 그대 얼굴이
들어 있다
마치 수묵화처럼 눈썹이 짙은 이름이
먼 산이 되어
앉아 있다
가벼울 수 없는 가벼움과 결코
자유로울 수 없는 자유로움이
들어 있다
그대 눈동자 속에는

바람이 분다
시간이 바람 사이로 쓸려 간다
문이 열린다
그대일 것 같은 얼굴이
빛이 되었다가 허공으로
사라진다
또 문이 열린다
그대일 것 같은 목소리가 들리다가

사라진다

문이 열린다
그대는 오지 않는다
그대 발자국은 아직도
저 먼 곳에 있다
뜨거운 커피향이 땅 밑으로
가라앉는다
탁자 위에는 소리가 죽은 눈물이
낯선 짐승처럼
앉아 있다

# 너

사랑이 여기에 있다 이 세상 바람으로도 흔들 수 없는 눈물에 대한 침묵과 자유로운 생각 하나 봄에 피어나는 라일락같이 향기롭기도 하다 별처럼 반짝이며 다가오는 언어로 태어나 이제 시詩가 되고 있으니

눈썹을 곤두세우며 싱싱하게 덤벼드는 이파리들 아니라니까요 진짜 아니에요 그래도 봄은 지나가고 꽃이 피어 향기로운 풀로 자라나고 여기까지만이에요 소리치며 예쁜 계집아이가 된다

어깨를 낮추며 감싸안은 저 구름을 보아라 가볍게도 가여운 풀잎 사이로 날리는 꽃잎들 라일락 향기의 사이에 앉아 꽃이 된다 땅으로 하늘로 날아오르는 입술 사이로 태어나는

# 사랑에 눈을 뜨는 나무에게

떡갈나무 한 잎만 보이는 진실은 절망적이다 희망을 보기에는 너무나 작은 숨소리이니 입술을 더듬고 웃음을 찾으려 해도 나뭇잎이 뒤덮인 숲속에는 지적知的인 관능이 없다 연애의 불완전한 역사와 보이지 않는 공포에 가슴을 떨며 숨는 멧새들의 눈물 몇 방울로 뿌리에 닿아 있으니

한 줌 그리움이 불규칙하게 묻어 있는 공원의 벤치에는 서러워 붉게 물드는 저녁 노을과 부끄러움에 바알갛게 젖은 벚나무 이파리들의 숨소리와 또 다른 봄을 위한 시간과 지금 이 순간의 숨결이 꽃이 되어 앉아 있으니

나무여, 그 긴 여름 끝을 달려온 발자국에 그림자를 매달고

나무여, 숲속으로 은신하는 뿌리의 절망 끝에서

나무여, 푸른 바다의 내음을 싱싱하게 뿌려라

나무여, 한겨울에도 얼지 않을 꽃 한 송이를 피워라

# 눈동자 저 깊은 곳에는

바람이 분다
산수유 나뭇가지 하나가 눈을
들여다본다
빨간 열매 서넛이 기웃거린다
이파리 하나에 지나온 세월이
매달려 흔들린다

바람이 분다
산수유 나뭇가지 하나가 눈동자를
들여다본다
눈물 저 안쪽 깊은 침묵 속에는
눈물 가득한 빨간 열매들의 소리

바람이 분다
천지를 헤집는 햇빛 소리들과 함께
숨을 쉬는 소리들
눈동자 안에는 소리가 있다
산수유 나뭇가지 하나
그림자로 돋아난

## 연인戀人

낮과 밤일 수밖에 없는 인연이기에
이 세상은 서로 묶이고 묶여
서로의 마음속에서 그리움의 이름으로
살아가기도 하지

사라지지 않는 언어를 간직했기에
때로는 누구나 마음대로
손 내밀지 못하고 푸른 하늘만 쳐다보며
살아가기도 하지

# 사랑한다면

내 안의 슬픔은 태워야 하나 봐
그리움이 앞을 가로막으면
하늘이 노을을 태우듯이
태워야 하나 봐
가슴속에서 지우고 또 지우며
이 세상 그림자로 바람에 날리어
이름자가 그대 가슴속
불씨에 태워져 재가 되어
기억의 강 너머로 사라지더라도
살아왔던 그 모든 걸 버리고
그 얼굴까지도
강물 위 흐르던
재로 남은 그대 목소리의 흔적까지도
마음 저 깊은 허무虛無의 불꽃 속
사라지지 않는 언어로 남아 있기에
세상의 끝에 서서 매듭을
풀다가 묶다가
인연의 그림자에 얼굴을 새기며

강물 위 흐르는 붉은 눈물로
누구보다 뜨거운 숨소리로 타올라
살아 있음에 살아간다고 하며
늘 가슴 속에 살아 있다고 하며

# 눈빛을 기억하기 위하여

사람들은 입이 있어도
말할 수 있는 입이 없다
그대의 입은 혼돈이다
그대의 눈은 어둠을 붉게 태우는
저녁노을일 뿐이다
무겁게 흔들리는 바람에 매달린
시간을 빌릴 뿐이다
운명의 시계 바늘 끝에서 흐늘거리는 시간이
다 지나가기 전에
이별보다 서러운 만남을 위해 우리는
귀를 열어야 한다
흔들리는 불꽃들의 지금 막
피어오르거나 꺼져 가려는 운명보다 질긴
소리를 들으며
손을 내밀어야 한다
짧은 생生의 한가운데에서
죽은 시인의 눈빛을
기억하기 위하여, 우리는

눈을 잃어버린 시대時代들 읽어내고
입을 열어야만 한다

## 표본식물

더 이상 흔들리지 않는다
마른 풀잎은
낡은 세상의 표본처럼
굳어서 부서져도
강력접착제로 고정이 된다
펄럭이는 공기자락 위로
고정된 시선만을 지니는
학식 있는 분들이
망치를 좀 주게 하며
풀들의 눈을 때려 보지만
시력은 교정이 되지 않는다
좀처럼 좁혀지지 않는
세상과 세상 사이의 공간의 틈새
가까이 가도 다가설 수 없는 벽으로
들러붙는 주검이 존재하는
풀기가 빠진
풀잎들의 세상

## 옛집

가끔은 좌초되기도 한다
나침반이 없는 바다에서
날개가 없는 새들이 하나씩
마른 깃털로 치장하지만
이내 추락한다
그대는 눈을 감아라
비명과 상처로 어우러진 일상 속
우리의 옛집에는
몸을 덥힐 뜨거운 불씨가
살아 있지 않다
마른 헛기침이 굴러다니는 아침과
차디찬 이부자리 몇 채
난파선처럼 떠다니는 바다
그대는 눈을 감아라
자장가로 떠도는 유년의 기억과
절망으로 둘러쳐진 이름 몇 자
점멸하고 소생하는
아버지의 옛집

# 이별離別을 하며

그 무성한 잎사귀들의
흔들림처럼
라일락이 피면
그 향기처럼
그냥
서 있어야 한다
눈물 한 바구니의
서러움을 잊고
바람을 따라 사라진 세월을 잊고
손이 닿지 않는 그리움이
되어야
한다

# 이별離別이기에

우리를 남겨 두고
떠나는 너의
맑은 시선이 우리에게는
무거운 시어詩語가
된다
안개비가 구름 저 너머
멀리 있어도
어깨너머로 내려앉아
사라지듯이
이 가을 그림자로 남아
한 편의 시詩로 남는
사람아
떠나는 뒷모습이 아름다워
아름다운 슬픔을
간직한
말없는 사람아

# 장맛비소리

보고 싶어도 보이지 않는다
그대 말씀의 숨소리들
젊은 날 푸르게 자라 오르던
서러움이 배어 있는 소리들을

비로소 오늘, 나는 듣는다

비바람 속에서 꿋꿋이 고개를 들고 서 있는
키 작은 소나무의 젖어 있는
눈망울 속에서 살아 나오는 그
소리를 듣는다

그대 여름이 무너져 울고 있는 소리
무디어진 신경을 일으켜 세우며
푸른 솔 이파리 하나만큼
갖고 싶어도 가질 수 없는

그대 무언無言의 입술 속에

담겨 있는
그대 그리움에 젖어 있는 소리를
내가 적셔지며 부서지는 소리를

듣는다, 나는

# 야외무대에서

비가 내린다
풀벌레 풀잎 뒤로 숨는 초저녁
비가 내린다
푸른 풀들의 눈동자를 응시하며
나무가 된 그대와 나는 눈을 마주치고
서로의 마음속에서 숨을 쉰다

비가 내린다
대역을 맡을 배우는 없다
그대와 나는 손을 마주잡고
줄거리가 없는 대본을 가슴에 지닌다
어둠도 빗소리에 둘러싸여
우리를 지켜보는 관객이 되고

비가 내린다
키 큰 소나무 숲 사이
낮과 밤을 지키는 어둠의 통로에서
분장을 하고 그대와 나는

푸른 잎으로 돋아나는
숨소리가 된다

# 내가 너를 떠날 수 없는 이유

바람 위에서 바람처럼 살 수
없기에
활짝 핀 꽃잎들을 쥐어뜯는 바람의 손톱을
가질 수 없기에
얼어버린 땅을 녹일 수 있는 바람의 피가
없기에
날개 없이 하늘로 오르는 바람의 어깨를
가질 수 없기에
활화산 같은 너의 눈빛에 가려 이 넓은 세상
바람처럼 볼 수 없기에
내 가슴 깊이 숨겨둔 칼을 바람처럼
꺼낼 수 없기에
너를 두고 사라질 수 있는 바람의
심장이 없기에

## 가을 송도역

물기 하나 없는 이 가을
눈물도 말라버린 꽃들이
바람 곁에서 운다

귀뚜리는 철길 가에서 목이 부서져라
소리로 벽을 쌓아
이별을 견고하게 막아서지만

기다리라는 말도 없이 전동열차는
소리의 벽을 부수며 떠난다

꽃잎들이 부서져 흩날린다
가슴에 메마른 비가 굴러 떨어진다

잘게 부수어진 소리들 사이로
죽은 풀벌레의
소리가 기어 나온다

## 월미도

그대의 짙은 눈썹을 본다
초승달을 밤하늘에 새겨놓은 듯이
가슴뼈 마디마다 시를 새겨놓은
그대 검푸른 속눈썹 사이로

그렇게 가을이 걸어오면

바다 입구에서부터
불로 타올라 하늘에 붉은
눈시울을 남기고
타오르는 바다를 만든다

그대의 눈썹 사이 눈물은
어둠이 되고 시가 되어
달빛 사이로 떠올라
바다에 그림자를 비추고

그대의 짙은 눈썹은 칼이 되어

파도의 허리를 내리친다
부서지며 소리치며 덤벼드는
머리를 베어낸다
눈을 부릅뜬 시간의

## 이별이란

그대 곁을 떠나지 않고 몸만
사라지는 것이다 은빛바다 물결을 따라
흘러가는 것이다
눈물어린 향기로 남은 첫사랑 바다의
그림자로 남은 사진 속으로
사라지는 것이다
그대 옆에 또 다른 그림자로 남아
살아 있는 듯이 서있는 바다로
걸어가는 것이다
손을 뻗어 손잡고 싶을 때마다
열감기로 돋아나 끙끙 앓던 손을 감추며
그립다 말하지 않고 가슴속에
그대 얼굴을 파묻는 것이다
슬픈 기쁨 끝에 남은 기억 몇 개를 들고
비릿한 죽음을 마시는 어시장 선술집에서
울지 못하는 바다의 입술을 깨물며
흐느끼지 않는 출렁거림을
보는 것이다, 두 눈 부릅뜨고
보는 것이다

|해설|

# 두 눈 부릅뜨고 보는, 그대의 언어

— 박일의 시세계

오홍진 | 문학평론가

박일의 시는 기억 속의 어느 한 지점에 꽂혀 있다. 「배다리 책방 안에는」이라는 제목의 시를 참조한다면, 그 지점은 "그 옛날/그녀가 남긴 목소리"와 더불어 시인의 마음속에 각인되어 있다. 시간이 흘러도 변하지 않는 세계를 향한 꿈이라고 표현하면 어떨까. 박일은 자신의 기억 속에 새겨져 있는 여인의 목소리를 끊임없이 시의 세계로 불러낸다. "배다리 좁다란 골목길/책방 문을 열고/들여다보면" 어김없이 그녀의 목소리가 들려온다. 기억이 소리를 부르고, 그 소리가 언어-시에 대한 시인의 욕망을 낳는다. 박일의 언어-시는 그러므로 기억 저편에서 들려오는 감각의 언어들로 채워져 있다. 돌려 말하면 그의 시안詩眼은 감각을 통해 기억의 세계로 비집고 들어간다. 이를테면 '봄바람'은 "차곡차곡 쌓이는 향기로운 몸살"(「봄바람」)의 감각으로 불어오고, '유월六月'의 시간은 "나뭇가지 끝에 맺힌 저 먼/안개"(「유월 1」)로부터 밀려나온다. "질경이풀 사이로 돋아난 숨소리"(같은 시)로 표현되는 유월의 시학은 박일의 시가 지향하는 바를 에둘러 보여준다.

시인은 수많은 감각들로 구성된 기억의 세계에 둘러싸여 있다. "나를 찾으러 간다"(「유월 4」)라는 시구가 암시하듯, 그곳에서 그는 "그대의 눈동자에 비친 나를/찾기 위하여" 끊임없이 분투하고 있다. 기억 속에는 수많은 '나'가 존재한다. 그런 점에서 시간이 흐른다는 건 수많은 '나들'이 탄생한다는 것과 다르지 않다. 지금의 나를 본래의 '나'라고 생각하는 순간에도, 시간은 또 다른 나를 변함없이 생산한다. 그것을 '시간의 욕망'이라는 말로 표현해도 좋겠다. 「유월 5」에 나타나는 서러움의 정조는 무엇보다 이러한 욕망의 세계와 밀접하게 연관되어 있다. "가진 적이 없기에 가져서 서럽다"(같은 시)라는 시구에 드러나는 욕망의 역설을 우리는 어떻게 이해하면 좋을까? 기억의 어느 지점에서 뻗어 나오는 존재의 슬픔은 어찌 보면 이러한 슬픔의 역설을 그대로 표현한다. "저 먼"(「유월 1」) 곳에 무언가가 분명히 있다면, 그것은 저 먼 곳에 있다는 그 이유만으로도 슬픔의 대상이 되어 버린다. 그 슬픔을 우리는 과연 어떻게 표현해야 할 것인가?

시인은 언어를 무기처럼 지니고 있으니 그것으로 표현하면 되는 것일까? 그렇다면 그 언어는 어디서 오는 것일까? 이 언어만 붙잡고 있으면 그 옛날, 그녀가 남긴 목소리를 시인은 다시금 들을 수 있는 것일까? 그래서 이유 모를 이 서러움으로부터 벗어날 수 있을 것일까?

내 안의 그림자로 남은 추억 한 줌

갈대꽃 위로 남겨 놓고

당신은 강물에 젖은 그믐달이 되어

소리로만 남자고 한다

내 안의 바위로 자라난 기억 한 줌

강물 위로 남겨 놓고

당신은 바람에 젖은 이슬이 되어

남자고 한다

내 안의 어둠으로 자라난 눈물 한 줌

불꽃 위로 남겨 놓고

소리로만

—「유월 7」 전문

유월의 추억은 "내 안의 그림자"로 남아 있다. 가진 적이 없기에 가져서 서러운 그림자를 남겨둔 채 떠난 당신을 시인은 여전히 내 안의 소리로, 내 안의 이슬로, 내 안의 어둠으로 간직하고 있다. 내 안의 그림자가 당신의 흔적과 다르지 않은 이유는 여기에 있다. 당연한 이야기지만, 당신의 흔적은 '당신'이 아니다. 그리하여 당신이 남겨 놓고 간 흔적이 짙을수록 당신을 향한 시인의 그리움은 깊어질 수밖에 없다. "내 안의 어둠으로 자라난 눈물 한 줌"의 의미는 바로 이 맥락에 걸려 있거니와, 시인은 당신이 새겨놓은 그 어둠의 흔적들을 소리로 변주시키는 쉽지 않은 시작詩作을 내보이고 있다. 내 안의 어둠이 한없이 깊어진 자리에서 당신이 남겨둔 소리가 뻗어 나온다. 당신이 남겨둔 소리라고 했지만, 정확히 말하면 그것은 시인의 가슴 깊은 곳에서 울려 나오는 한恨의 소리이다.

「유월 8」에서 시인은 그 소리를 "푸르게 돋아나는 강물/그 푸른 뼈마디에 숨어 있는//울음"으로 표현한다. 푸른 울음은 생명을 지닌 존재라면 안고 갈 수밖에 없는 생명의 원초적 소리를 나타낸다. 생명의 시작이 있으면 반드시 그

끝이 있기 마련이다. "바람이 강바닥으로 자맥질하는/유월, 그 마지막 시간에" 펼쳐지는 "무언無言의 말씀 하나"는 하나의 생명이 도달한 생의 지점을 역설적으로 드러낸다. 무언無言이 말씀을 낳는 역설이 새로운 시간을 생성하는 바탕이라는 사실을 시인은 강조하고 있는 바, 기억 속에 새겨진 시간의 흔적들은 이러한 역설의 길을 경유하여 박일 시의 중심으로 들어오는 셈이다.

아버지를 생각한다
푸른 하늘 사이로 아버지와 그 위의 아버지가
걸어간 구름을 보며
가끔은 지워지지 않는
시간들을 그리워한다
갈매기의 부리에 매달린 바람
그 위에서 피어나던 세상
그 위에서
빚어지던 유년幼年의 꿈들
들여다보며
반세기를 살아온 집 뒷자락에 앉아
가끔 목련나무 끝을 스치듯
오는 인연 곁에서
푸른 하늘을 하늘거리는
아버지의 말씀들을 생각한다

—「영종도·2 - 운북리 산 59번지에서」

아버지의 아버지들이 살아왔던 영종도에서 시인은 "그 위에서/빚어지던 유년幼年의 꿈들"을 시의 세계에 풀어놓는다. 거기에는 갈매기가 있고, 그 부리에 매달린 바람이 있으며, "푸른 하늘을 하늘거리는/아버지의 말씀들"이 있다. 시간은 흘러 이제는 다시 유년의 꿈을 피워냈던 그 장소로 돌아갈 수 없지만, 그럼에도 그 꿈의 파편들은 인연의 길을 따라 여전히 시인의 뇌리에 박혀 있다. 「영종도·1」에서 그러한 인연의 고리는 "아버지의 목소리가 배어 있는/발자국"으로 비유되어 나타난다. 시인의 말마따나 "푸른 하늘은 이미 바다이고/운명이라는 말은 바람 앞의 빗방울과 같은 거"라면 아버지의 아버지들로부터 면면하게 이어져 온 인연의 고리는 이미 운명이라는 이름으로 시인의 삶에 스며들어 있다. 아버지(들)의 시간과 '나'의 시간으로 이어지는 거대한 생명의 시간을 생각해 보라.

「영종도·3」에서 시인은 "상처 입은 자가/상처 없는 자의 영혼을 씻어주는/땅을 보았느냐"고 우리에게 묻는다. 상처 없는 자의 영혼이 어디에 있겠는가. 시간 속에서 산다는 건 결국 시간의 상처=흔적과 더불어 사는 것이 아니겠는가. 상처가 치유가 되는 역설에 시인의 시심詩心이 닿고 있는 셈이다. 이를테면, 같은 시에서 시인은 뒷밭의 키 큰 마로니에 나무를 이야기한다. 비에 젖은 나무는 드넓게 펼쳐진 바다를 보고, 푸르게 젖어 있는 새를 본다. 상처 입은 자가 상처 입은 자를 바라본다. 시인이 말하는 상처 없는 자의 영혼은 이처럼 상처 입은 자들이 엮어내는 관계의 역학에서 뻗어 나온다. 「영종도 4」를 따른다면, "바다는 지금/바람 앞의 꽃잎/푸른 하늘을 하늘거리는/우리의 상처를/씻어내고 있다". '본다'라는 행위에 새겨진 치유의 미학은 여기서 분명해지거니와, '영종도'라는 유년의 공간은 이로써 박일 시를 형성하는 근원적 장소로 의미화된다고 하겠다.

사실 시인의 이러한 상처는 근원적 장소의 파괴와 긴밀하게 연결되어 있다. 「송도 수로水路」에 표현되듯, 시인은 "혈관이 막힌 바다"에서 들려오는 "생매장당한 조개들을 울음"에 주목하고 있다. 조개들에게 바다는 더 이상 생명의 터전이 아니다. 조개들한테만 그러겠는가. 바다에 제 목숨을 걸었던 숱한 생명들 또한 혈관이 막힌 바다와 마찬가지로 제 숨구멍이 막힌 채 시나브로 죽어가고 있다. "가끔은 하얗게 탈색한 망둥어가/고개를 갸웃거리며/바닷길을 묻는다"는 이 시의 결구가 암시하는 대로, 송도 수로는 바닷길을 잃은 탈색한 물고기들로 뒤덮여 있다. 문명의 이름으로 행해진 살육의 현장을 목도하며 시인은 "부풀려야 변화한다 쪼그라들면 누가/알아주리"(「낙하산 3」)라고, 우렁차게 외치는 사내의 목소리를 듣는다. 신이 내려준 낙하산을 타고 그는 "꽃뱀처럼 찬란하며 싸늘한 두 갈래의 언어"(같은 시)로 이 세계를 덧칠한다. 그런 언어로 따지자면 "공수래공수거는 헛된 자의 망언이다"(「낙하산 4」). 사내의 가슴 속에 존재하는 커다란 산—욕망은 두 갈래의 언어로 무장한 채 바다의 혈관을 하나하나 틀어막고 있다. 오늘도 사내가 세운 "성공과 명예의 창고"에는 살육의 대가로 얻은 전리품들이 차곡차곡 쌓이고 있다. 신의 이름으로, 혹은 신이 부여한 이성의 이름으로 행해진 이 비극의 현장을 시인은 다만 먹먹한 가슴으로 '보고' 있을 따름이다.

해안도로를 따라 집으로 돌아가는 길
저만큼 뒤에는
아우성치는 조개와 조그만 어린 게들을
바구니에 이고 가는 아낙네들이
보였다
해안도로를 따라 집으로 돌아가는 길
저만큼 뒤에는
갈매기들이 가로등 위에서 날개를 펼치는 것이
보였다
오늘도
해안도로를 따라 집으로 돌아가는 길
저만큼 뒤에는
갯벌을 생매장한 공동묘지 터가 보이고
비석碑石처럼 늘어선 고층빌딩만
보인다
해안도로를 따라 집으로 돌아가는 길

저만큼 뒤에는 늘
목이 쉰 안개가 치맛자락을 휘날리며 울부짖는 풍경만
보인다

—「연수구 송도동」 전문

"오늘도"라는 시구를 경계로 하여 묘사되는 송도 바다의 풍경은 삶과 죽음의 거리만큼이나 극히 대조적이다. "아우성치는 조개와 조그만 어린 세들/바구니에 이고 가는 아낙네들"의 풍경은 사라지고, "갯벌을 생매장한 공동묘지 터"와 "비석碑石처럼 늘어선 고층빌딩"이 그곳을 채우고 있다. 갈매기들이 가로등 위에서 날개를 펼치던 그 길을 시인은 "오늘도" 걷고 있지만, 거기에는 이제 "목이 쉰 안개가 치맛자락을 휘날리며 울부짖는 풍경만" 펼쳐져 있다. 개발이라는 명목으로 만들어진 죽음의 풍경은 "들러붙는 주검들이 존재하는/풀기가 빠진/풀잎들의 세상"(「표본식물」)의 형상에도 뚜렷이 나타난다. 말라버린 풀잎이 공간의 틈새를 채우고 있는 곳이 비단 송도 바다만은 아니리라. 송도 바다의 풍경은 소위 4대강 사업으로 자연 본래의 기능을 잃어버린 우리 시대의 자연-풍경을 그대로 표현하고 있기 때문이다.

혈관이 막힌 자연이 상처 입은 자들을 치유하는 근원으로 작용할 리는 없다. 자연의 파괴는 자연 속에서 살아가는 수많은 생명들의 파괴로 이어지고, 그것은 자연을 파괴하는 인간의 삶에 직접적으로 영향을 미칠 수밖에 없다. 「화수포구에서」라는 시에 묘사되는 "화수포구 골 깊은 갯골"은 이렇게 본다면 파괴된 자연의 공간을 애도하는 진혼鎭魂의 장소라고 할 수 있다. 진혼의 과정을 거치지 않고 혈관이 막힌 자연을 소생시키는 불가능하다는 것일까. 시인은 "갈매기들이 하얗게 몸을 털다가/안개로 일어서는/갯골로 오게"라고 우리에게 요청하고 있다. 하지만 그곳은 "뜨거운 심장은 보이지 않"는 곳이고, "보이지 않는 손들이 손을/흔드는 세상"이다. 뜨거운 심장이 보이지 않는다면 그곳은 죽은 이들의 세상일 것이다. 그러니 그곳에서 손을 흔드는 이들이 있다면 그들은 당연히 죽은 자들일 것이다. 그런데도 시인은 "자네, 빨리 갯골에 와 보게"라고 거듭 요청한다. 그곳에서 시인은 과연 무엇을 본 것일까? 보이지 않는 눈으로 무언가를 보는 역설의 중심에 '갯골'이라는 시적 장소가 자리하고 있는 것이다.

비에 젖어 떨며 서 있는 나무들의
눈동자를 본 적이 있는가
허리를 굽히고 머리카락을 적시는
단풍나무 그 붉은 눈망울을
본 적이 있는가
비에 젖어 걸어가는 것들이 모여
흐르는 시월의 마지막 토요일
오후 다섯 시쯤

검푸른 하늘 사이로 흘러내리는
붉은 울음들
사이를 걸어본 적이 있는가

—「단풍나무 숲에서 1」

단풍나무 숲에는
그대의 눈물이 남아
걸음걸이가 유난히 이쁘다던
그대의 발걸음이 남아
기인 기다림의 끝에
그대의 그림자로 남아
눈이 시리게
눈이 시리게
이 땅 위에 서 있다

—「단풍나무 숲에서 3」

"비에 젖어 떨며 서 있는 나무들의/눈동자"를 시인은 이야기하고 있다. 내리는 비에 머리카락을 적시는 단풍나무의 붉은 눈망울을 보며 시인은 비에 젖은 생명들이 뿜어내는 원초적 소리에 다가간다. 우선 비가 내린다. 자연이다. 그 비를 붉은 눈망울을 지닌 단풍나무가 온몸으로 받아들이고 있다. 자연이다. 이 자연 속에서 시인은 무엇을 하고 있을까? "오후 다섯 시쯤/검푸른 하늘 사이로 흘러내리는/붉은 울음들/사이를" 걷고 있다. 역시 자연이다. 단풍나무가 온

몸으로 비를 맞으며 서 있듯이, 시인 또한 온몸으로 비를 맞으며 단풍나무 숲을 걷고 있다.

「단풍나무 숲에서·1」에 나타나는 공존의 의미망은 「단풍나무 숲에서·3」에서는 "그대의 그림자"로 변주되어 표현된다. "단풍나무 숲에는/그대의 눈물이 남아" 있다고 시인은 선언한다. 그대의 눈물만 그런 것이 아니다. 그대의 발걸음도 남아 있고, 그대의 그림자도 남아 있다. 눈물—발걸음—그림자의 이미지로 생성되는 '그대'의 시적 의미망은 "눈이 시리게/눈이 시리게/이 땅 위에 서 있"는 단풍나무의 이미지로 이어져 박일 시작詩作의 핵심적 모티브로 작용하고 있다. 상처 입은 자는 끊임없이 그대를 그리워한다. 그것을 꼭이 단풍나무로 한정할 까닭은 없다. 아버지의 아버지들이 살아왔던 숱한 세월 동안 변함없이 이 땅을 지킨 자연이 '그대'의 의미망으로 확장될 수 있기 때문이다. 이를테면 시인은 "하늘을 돌아 땅으로 떨어지는/햇살들"(「단풍나무 숲에서·6」)에서 그대를 보고 있으며, 이파리 하나가 떨어지는 아주 작은 현상-자연에서도 그대를 보고 있다(「단풍나무 숲에서·7」). "마침내 이 숲으로/내려앉아 전설을 이야기하는/그대"(「단풍나무 숲에서·9」)의 모습은 바로 이러한 맥락과 연결되는 바, 박일의 이번 시집을 수놓은 '그대'의 이미지는 이 지점에서 그 시적 의미가 분명해질 수 있을 것이다.

「월미도에 달이 뜨면 그대는」에서도 나타나듯, '그대'는 한때는 물이었다가 불이었고, 서로의 입김이 되었다가는 다시 한 송이 눈물꽃의 붉은 향기가 되었다. 이슬의 해맑은 눈빛이 되었다가는 슬픔의 뿌리를 삼키는 파도가 되기도 하고, 파란 하늘이 그리운 섬이 되기도 했다. '~이 되다'라는 형식으로 표현되는 그대의 형상은 사실 하나의 의미로 환원될 수 없는 하나—무無의 이미지에 가깝다. 보이지만 보이지 않고, 있지만 있지 않은 '그대'의 역설적 형상은 박일이 지향하는 시 세계의 근저에 역설의 세계관이 자리하고 있음을 다시 한 번 입증한다. 「연인戀人」을 따른다면, 이러한 역설은 "낮과 밤일 수밖에 없는 인연"의 고리와 다르지 않다. 낮이 지나면 밤이 온다. 사랑하는 사람은 사랑하는 사람을 그리워한다. 그 이유를 묻는 건 우문愚問일 뿐이다. 자연이기 때문이다. 자연을 설명할 수 있는 말은 오로지 '스스로 그러하다'는 자연自然의 의미밖에는 달리 없다. 시인의 말마따나 자연은 "사라지지 않는 언어를 간직"(같은 시)하고 있다. 누군가가 그리울 때는 푸른 하늘을 보라는 시인의 요청은 이러한 언어를 향한 시인의 신념을 보여준다. '그대'라는 말에 담긴 그 숱한 이미지—의미들 또한 "사라지지 않는 언어"에 대한 시인의 믿음 속에서 피어난다고 봐야 하겠다.

사람들은 입이 있어도
말할 수 있는 입이 없다
그대의 입은 혼돈이다

그대의 눈은 어둠을 붉게 태우는
저녁노을일 뿐이다

—「눈빛을 기억하기 위하여」 부분

우리를 남겨 두고
떠나는 너의
맑은 시선이 우리에게는
무거운 시어詩語가
된다

—「이별離別이기에」 부분

보고 싶어도 보이지 않는다
그대 말씀의 숨소리들
젊은 날 푸르게 자라 오르던
서러움이 배어 있는 소리들을

비로소 오늘, 나는 듣는다

—「장맛비소리」 부분

입이 있어도 말할 수 있는 입이 없는 상황에 시인은 처해 있다. 사라지지 않는 언어의 이면에 드리워진 이러한 역설적 상황이 "그대의 입은 혼돈이다"라는 시적 인식을 이끌어 낸다. 그대의 입을 통해 펼쳐지는 수많은 언어들은 이미지로 화하여 한 편의 시로 탄생한다. 어둠을 붉게 태우는 저녁

노을에 그대의 언어가 숨어 있다면, 구름 저 너머에 내리는 안개비에도 또한 그대의 언어가 숨어 있다. 중요한 것은 그대의 언어는 항상 그것을 들으려는 준비가 되어 있는 존재에게만 들리는 소리라는 점에 있다. 귀를 열어 그 소리를 들을 준비가 되어 있지 않은 이에게는 그대의 언어—소리가 결코 들리지 않는다. 그 소리를 들으려면 귀를 열어야 하고, 손을 내밀어야 하며, 동시에 "입을 열어야만 한다"(「눈빛을 기억하기 위하여」). "무거운 시어詩語"를 이해하는 유일한 방법은 이렇듯 그대의 언어를 향한 열린 정신에서 비롯된다. 언어가 있다고 해서 그대의 언어를 이해할 수 있는 것은 아니다. 그대의 언어를 이해하려면 차라리 우리의 의식을 속박하는 언어를 버려야 한다.

「장맛비소리」에 표현되는 "보고 싶어도 보이지 않는" 소리의 세계는 이러한 언어의 속박으로부터 벗어나는 순간 이루어진다. "비로소 오늘, 나는 듣는다"라는 선언이 박일의 시작법을 대표하는 진술로 읽히는 이유는 여기에 있다. 그는 사물의 언어를 예단하지 않고, 겸손한 마음으로 사물이 내보이는 소리를 들으려고 한다. 겸손하게 듣는다는 건 곧 겸손하게 본다는 것을 의미한다. "그대 무언無言의 입술 속에/담겨 있는/그대 그리움에 젖어 있는 소리를/내가 적셔지며 부서지는 소리를" 시인은 겸손한 마음으로 듣고 있다. '장맛비소리'는 그러므로 그대의 언어가 내보이는 '바로 그

소리'와 다르지 않다. 보이되 보이지 않고, 들리되 들리지 않는 언어—소리로 시인은 자신의 시 공간에 한 땀 한 땀 수를 놓는다. 그러니 그에게는 그대와의 이별이 말 그대로의 이별일 리 없다. 그대와의 이별은 그대의 언어를 이해하기 위한 새로운 길을 일구어낸다.

그대 곁을 떠나지 않고 몸만
사라지는 것이다 은빛바다 물결을 따라
흘러가는 것이다
눈물어린 향기로 남은 첫사랑 바다의
그림자로 남은 사진 속으로
사라지는 것이다
그대 옆에 또 다른 그림자로 남아
살아 있는 듯이 서있는 바다로
걸어가는 것이다
손을 뻗어 손잡고 싶을 때마다
열감기로 돋아나 끙끙 앓던 손을 감추며
그립다 말하지 않고 가슴속에
그대 얼굴을 파묻는 것이다
슬픈 기쁨 끝에 남은 기억 몇 개를 들고
비릿한 죽음을 마시는 어시장 선술집에서
울지 못하는 바다의 입술을 깨물며
흐느끼지 않는 출렁거림을
보는 것이다, 두 눈 부릅뜨고

보는 것이다

—「이별이란」 전문

시인 박일에게 이별의 노래는 이별의 노래가 아니다. 그의 말을 따른다면, 이별은 "그대 곁을 떠나지 않고 몸만/사라지는 것이다". 그대 옆에 또 다른 그림자로 남아 있는 것이 시인에게는 이별이고, "그립다 말하지 않고 가슴속에/그대 얼굴을 파묻는 것이" 시인에게는 이별이다. 그러니 이별한다고 해서 슬퍼할 것도 없고, 이별한다고 해서 서러워할 것도 없다. 다만 시인은 그대 옆에 살아 있는 듯이 서 있는 바다를 두 눈 부릅뜨고 바라보려고 한다. 요컨대 그에게 중요한 것은 그대와의 이별이 아니라, 두 눈 부릅뜨고 그대의 언어가 만들어내는 풍경을 바라보는 것이다. 여전히 시인의 귓가를 맴돌고 있는 배다리 책방 그 여인의 목소리처럼, 그대의 언어는 수많은 이미지들로 화하여 시인 앞에 다채롭게 펼쳐져 있다. 이별은 단지 이별일 뿐이라는 인식, 그리고 그 이별의 너머에는 여전히 그대의 언어가 살아 숨쉬고 있다는 인식, 요컨대 이별의 미학으로 빚어낸 이러한 언어 인식이 어떻게 보면, 그대와의 이별 속에서 그대의 언어—소리를 새롭게 발견하는 시인 특유의 시작법을 만들어냈는지도 모르겠다.

송도 바다의 끔찍한 풍경에 짓눌린 한 시인의 시적 여정은 이렇게 그대의 언어를 통해 송도 바다의 새로운 언어를 창조하는 과정으로 이어진다. 그대의 눈에 비친 세계가 박일 시의 한 세계를 이룬다면, 그대의 눈을 통해 시인이 바라본 세계는 박일 시의 또 다른 세계를 이루고 있다. 그대의 언어에 속하되, 그대의 언어로부터 끊임없이 변주되는 이 과정을 박일의 시작법이라고 부를 수 있다면, 그의 시에 두드러지게 나타나는 이미지의 향연은 무엇보다 이러한 시작법의 결과로써 정리될 수 있겠다. 시인은 그대의 눈으로 이 세상을 본다. 한편으로 시인은 그대의 귀로 이 세상의 소리를 듣는다. 그의 시에 이미지가 넘쳐날 수밖에 없는 이유이다. 우리의 의식으로는 쉽사리 감각할 수 없는 이미지의 세계가 송도 바다의 끔찍한 풍경을 넘어서는 궁극적인 언어-세계라는 점을 박일은 시로써 증명하고 있는 셈이다.